BEI GRIN MACHT SICH WISSEN BEZAHLT

- Wir veröffentlichen Ihre Hausarbeit,
  Bachelor- und Masterarbeit

- Ihr eigenes eBook und Buch -
  weltweit in allen wichtigen Shops

- Verdienen Sie an jedem Verkauf

Jetzt bei www.GRIN.com hochladen und kostenlos publizieren

Christoph Weber

Revenue Management am Beispiel von Airline Revenue Management

GRIN Verlag

Bibliografische Information der Deutschen Nationalbibliothek:

Die Deutsche Bibliothek verzeichnet diese Publikation in der Deutschen National-
bibliografie; detaillierte bibliografische Daten sind im Internet über http://dnb.d-
nb.de/ abrufbar.

Impressum:

Copyright © 2003 GRIN Verlag GmbH
Druck und Bindung: Books on Demand GmbH, Norderstedt Germany
ISBN: 978-3-638-64667-3

Dieses Buch bei GRIN:

http://www.grin.com/de/e-book/20356/revenue-management-am-beispiel-von-air-
line-revenue-management

GRIN - Your knowledge has value

Der GRIN Verlag publiziert seit 1998 wissenschaftliche Arbeiten von Studenten, Hochschullehrern und anderen Akademikern als eBook und gedrucktes Buch. Die Verlagswebsite www.grin.com ist die ideale Plattform zur Veröffentlichung von Hausarbeiten, Abschlussarbeiten, wissenschaftlichen Aufsätzen, Dissertationen und Fachbüchern.

Besuchen Sie uns im Internet:

http://www.grin.com/

http://www.facebook.com/grincom

http://www.twitter.com/grin_com

Universität zu Köln
Seminar für Wirtschaftsinformatik und Operations Research

Revenue Management

Hauptseminar zu Operations Research
WS 2003/2004

angefertigt von:

Christoph Weber

Inhaltsverzeichnis

Gliederung

Abbildungsverzeichnis

Tabellenverzeichnis

Abkürzungsverzeichnis

C_j	Sitzplatzkapazität auf dem flight leg l
D_{ODF}	aggregierte Nachfrage für jede ODF-Kombination
ED_{ODF}	Erwartungswert von D_{ODF}
f_{ODF}	Preis für ein Ticket aus der jeweiligen ODF-Kombination
l	flight leg / Einzelflug
N	Gesamtzahl von Einzelflügen in dem ODF-Netzwerk
$n(j,k)$	Anzahl der bereits akzeptierten Buchungsanfragen auf (j,k)
RC_l	verbleibende Kapazität auf flight leg l
S_l	alle möglichen ODF-Kombinationen auf einem flight leg l
x_{ODF}	Anzahl der Sitze für ODF-Kombination

1. Einleitung

Ziel des Revenue Managements ist es, durch den Einsatz von Methoden des Operations Research zusätzliche Erlöspotentiale, die sich insbesondere aus unterschiedlichen Preisbereitschaften der Kunden ergeben, möglichst weitgehend auszunutzen. Die Grundidee des Revenue Management ist dabei die folgende: man möchte heute etwas nicht zu einem niedrigen Preis verkaufen, wenn man es später zu einem höheren Preis verkaufen kann; gleichzeitig will man das Gut jedoch heute zu einem niedrigen Preis verkaufen, falls es andernfalls später überhaupt nicht verkauft werden kann. Damit möchte man die Erlöse aus dem Verkauf einer feststehenden Menge eines Gutes maximieren, indem man dem Kunden das Gut zu dem höchstmöglichsten Preis, den er bereit ist zu zahlen, anbietet.

Die vorliegende Arbeit ist wie folgt aufgebaut: Zuerst erfolgt in Kapitel 2 eine allgemeine Einführung in das Revenue Management. Dabei werden die Komponenten des Revenue Management (Datenbeschaffung und Forecasting, Preissteuerung, Kapazitätssteuerung, und Ergebniskontrolle) allgemein erläutert und ihr Zusammenhang dargestellt. In Kapitel 3 wird dann konkret auf das älteste und am meisten verbreitete Einsatzgebiet eingegangen, das Airline Revenue Management. Dabei werden zuerst die besonderen Charakteristika des Airline Revenue Management hervorgehoben, und anschließend auf die wichtigsten Komponenten (Overbooking, Pricing und Seat Inventory Control) eingegangen. Der Schwerpunkt liegt dabei auf dem Seat Inventory Control, da hierbei die Methoden des Operations Research am Wichtigsten sind. Es werden allgemeine Modelle für das Network Revenue Management vorgestellt, bei denen vom allgemeinen stochastischen Modell auf das Integer Programming Modell und schließlich auf das Linear Programming Modell geschlossen wird. Außerdem werden 2 konkrete Methoden zur Implementierung vorgestellt, nämlich Nesting der Buchungsklassen und Bid-Preise. In Kapitel 4 schließlich wird ein Ausblick auf zukünftige Forschungsrichtungen gewährt und es werden kurz einige Inhalte erläutert, die aus Platzgründen keinen Platz in dieser Arbeit finden konnten.

2. Revenue Management allgemein

Revenue Management (auch Yield Management genannt) entstand in den 70er Jahren in den USA als Reaktion auf die Deregulierung der amerikanischen Personen- und Gütertransportmärkte. Diese folgerten in Bemühungen der Fluggesellschaften Lösungsansätze zur Sicherung einer breiten Ertragsbasis zu entwickeln. Das Ergebnis dieser Bemühungen war das Konzept des Revenue Managements, welches später auch in anderen Dienstleistungsbranchen, wie z.B. in der Beherbergungsbranche und in Automobilvermietungen, Einzug fand.

Revenue Management stellt einen Ansatz zur simultanen und dynamischen Preis- und Kapazitätssteuerung dar, in dessen Rahmen (unter Mithilfe von informationstechnologischen Anwendungssystemen und unter Berücksichtigung einer breiten Datenbasis) eine für die Dienstleistungserstellung vorgehaltene, zumeist beschränkte Kapazität auf ertragsoptimale Weise der Nachfrage aus unterschiedlichen Marktsegmenten zugeordnet wird.[1] Das Ziel ist also die Ertrags- bzw. Erlösmaximierung, die aufgrund der gegebenen Kostenstrukturen (hohe fixe Kosten bei sehr geringen variablen Stückkosten) als Approximation einer Gewinnmaximierung anzusehen ist. Um dieses Hauptziel zu erreichen, ist die gleichzeitige Verfolgung der Unterziele höchstmögliche Kapazitätsauslastung und maximaler Ertrag pro Kapazitätseinheit notwendig.

Die Techniken des Revenue Managements, welche vor allem auf Methoden des Operations Research beruhen, finden besonders in Märkten Anwendung, die durch Kapazitätsrestriktionen, Verderblichkeit bzw. Nichtlagerbarkeit der Kapazitäten, geringe Grenzkosten der Leistungserstellung bei gleichzeitig hohen Kosten einer Kapazitätsausweitung, sowie einer im Zeitablauf stochastischen Nachfrage gekennzeichnet sind.[2] Außerdem sollte ein Vorabverkauf bzw. die Vorausbuchung der Leistungen und eine Segmentierung des Gesamtmarktes möglich sein.

Revenue Management ist als simultanes , dynamisches Planungsproblem zu verstehen[3]; die folgende Abbildung 1, welche die einzelnen Problemkomponenten in aufeinander folgenden Teilschritten darstellt, verdeutlicht die Struktur dieses Planungsprozesses.

---

[1] siehe [4]
[2] vgl. z.B. [18]
[3] siehe [16]

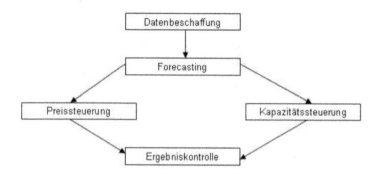

Abb.1: Bestandteile des Revenue Management Planungsprozesses

2.1. Datenbeschaffung und Forecasting

Wichtig für eine aussagekräftige Prognose ist eine breite und detaillierte Datenbasis über das Verhalten der Konsumenten, der Entwicklung der Nachfrage, der Kapazitätsauslastung, und der Kosten und Erlöse. Außerdem werden auch betriebsübergreifende Informationen, wie z.B. das Verhalten der Konkurrenz oder saisonale Effekte, erfasst. All diese Daten werden in computergestützten Management Information Systems gesammelt; auf ihrer Basis erfolgen dann Prognosen des zukünftigen Konsumentenverhaltens sowie der zu erwartenden Entwicklung der Nachfragestruktur.[4] In Kombination mit der bestehenden (vergangenheits- und gegenwartsbezogenen) Datenbasis bilden die Ergebnisse des Forecasting die informatorische Grundlage der dynamischen, simultanen Preis- und Kapazitätssteuerung.

2.2. Preissteuerung

Die Preissteuerung (engl.: Pricing) basiert auf der Tatsache, dass verschiedene Kunden bereit sind, für dieselbe Ware einen unterschiedlichen Betrag zu investieren.

---

[4] vgl. [16]

Somit erfolgt aufgrund dieser divergierenden Zahlungsbereitschaften eine Segmentierung des Gesamtmarktes. Aufbauend auf der Marktsegmentierung wird eine der Preisdifferenzierung entsprechende Tarifstruktur, welche sich aus mehreren Buchungsklassen zusammensetzt, entwickelt. Dabei wird typischerweise davon ausgegangen, dass sich die Zahlungsbereitschaft erhöht, je näher der Zeitpunkt der Leistungserstellung rückt.

Durch so genanntes Fencing soll die Effektivität der Marktsegmentierung garantiert werden, indem an verschieden Buchungsklassen unterschiedliche Restriktionen geknüpft werden, um zu verhindern, dass die Kunden ohne Einbußen zwischen den Klassen wechseln können. Grundsätzlich gilt, dass das Gut in einer Buchungsklasse mit vielen Restriktionen günstiger zu erwerben ist als in „höheren" Buchungsklasse, die weniger Restriktionen aufweist und somit dem Kunden mehr Flexibilität ermöglicht.[5] Diese Vorgehensweise ermöglicht es, zusätzliche Nachfrage in preissensitiven Kundensegmenten zu erzeugen, ohne dabei eine Abwanderung aus den höheren Buchungsklassen zu riskieren.

2.3. Kapazitätssteuerung

Die Kapazitätssteuerung umfasst die Kontingentierung und die Überbuchung beschränkter Kapazitäten.

2.3.1. Überbuchung

Die Überbuchungssteuerung (engl.: Overbooking) ist die älteste Komponente des Revenue Managements, die bereits vor der Deregulierung des amerikanischen Flugmarktes eingesetzt wurde.

Stornierungen und so genannte No-Shows, d.h. kurzfristig nicht in Anspruch genommene Reservierungen, können negative Abweichungen der im Zeitpunkt der Leistungserstellung bestehenden Buchungen von den vorab getätigten Reservierungen zur Folge haben, und somit eine Erlösminderung durch nicht vollständig ausgelastete Kapazitäten verursachen. Deswegen wird versucht, eine Überbuchung der Kapazitäten vorzunehmen, um Leerkosten zu vermeiden. Hierbei müssen sowohl die unmittelbaren Überbuchungskosten (z.B. Beherbergungskosten)

---

[5] vgl. [8]

als auch nicht oder nur schwer bewertbare Verluste zukünftiger Erlöspotentiale (z.B. Goodwill-Verluste durch Verärgerung der abgewiesenen Kunden) mit in die Entscheidung einbezogen werden.[6]

2.3.2. Kontingentierung

Im Rahmen der Kontingentierung (oder auch: Preis-Mengen-Steuerung, engl.: Seat Inventory Control) wird die vorhandene Leistungserstellungskapazität auf ertragsoptimale Weise in Teilkapazitäten (Kontingenten) auf unterschiedliche Buchungsklassen verteilt. Hierbei muss beachtet werden, dass die Nachfrage aus höheren Buchungsklassen, also mit einem höheren Erlöspotential, nicht durch eine frühzeitige, übermäßige Annahme von weniger erlösträchtigen Buchungsanfragen verdrängt werden darf. Die sich hierbei ergebende hohe Kapazitätsauslastung würde also mit einer Umsatzverdrängung einhergehen. Andererseits würde eine zu restriktive Ablehnung von Buchungsanfragen preissensibler Kunden zu nicht genutzten Kapazitäten und somit zu Leerkosten führen.

2.4. Ergebniskontrolle

Über die Aufzeichnung der Entwicklung von Kapazitätsauslastungen und Erlösen hinaus müssen die Ergebnisse des Revenue Management Planungsprozesses fortlaufend kontrolliert werden. Damit kann man sowohl die Güte des Forecasting überprüfen, als auch falls nötig eine Anpassung der Strategien bzgl. Preissetzungen und/oder Kapazitätsallokationen vornehmen.

3. Airline Revenue Management

Revenue Management hat im Bereich des Luftverkehrs seine Ursprünge und ist dort am weitesten verbreitet; deswegen sollen die in Kapitel 1 erläuterten allgemeinen Konzepte nun am Beispiel des Airline Revenue Management weiter erläutert werden. Der Erfolg des Airline Revenue Management zeigt sich z.B. bei der Deutschen Lufthansa AG, die den für das Jahr 1997 erzielten Mehrerlös auf ca. 1,4 Mrd. DM

---

[6] vgl. z.B. [13] und [14]

10

beziffert, was einen Zuwachs um ca. 5% bedeutet.[7] Auch bei anderen Fluggesellschaften liegen die Erlössteigerungen durch Revenue Management in der Größenordnung von 3-5%.

Das Ziel von Airline Revenue Management ist es, den Gewinn der Fluggesellschaft zu maximieren. Aufgrund der Kostenstruktur bei Fluggesellschaften, nämlich hohe Fixkosten (z.B. Abschreibungen für Flugzeuge) bei niedrigen variablen Kosten pro beförderten Passagier, ist es ausreichend, als Approximation die Erlöse zu maximieren.

Im Einzelfalle ist es zwar mit geringerem Risiko verbunden, eine aktuelle Buchungsanfrage zu akzeptieren, als auf eine eventuell später eintreffende zu warten; da diese Buchungsentscheidungen sich aber Millionen Mal pro Jahr wiederholen, erscheint es gerechtfertigt, von einer risikoneutralen Annäherung an das Problem auszugehen.[8]

Kommt nun eine Buchungsanfrage für eine Reise an, die Sitze in Flügen mit bestimmten Start- und Landezeiten innerhalb einer Buchungsklasse und zu einem bestimmten Preis enthält, so ist das fundamentale Entscheidungsproblem des Airline Revenue Management, ob diese Anfrage akzeptiert oder abgelehnt wird.

Die mit diesen Reservierungsanfragen beschäftigten Computersysteme müssen zu Peak-Zeiten bis zu fünftausend dieser Transaktionen pro Sekunde bearbeiten[9], die Entscheidung muss also innerhalb von Millisekunden getroffen werden. Aktuelle Revenue Management Systeme können nicht jede Anfrage in Echtzeit beurteilen; anstatt dessen werden vorher festgelegte Grenzen für die Auslastung von bestimmten Buchungstypen überprüft, und durch diese Überprüfung kann das System dann die Entscheidung treffen, ob die Buchungsanfrage akzeptiert oder abgelehnt wird. Diese Überprüfung kann in sehr kurzer Zeit durchgeführt werden, und das System kann dann das Ergebnis an einen Intermediär oder direkt an den Kunden weitergeben.

Man kann das Problem der Entscheidung Annahme-Ablehnung auch wertmäßig formulieren: wie hoch sind die erwarteten Verdrängungskosten, wenn man die Plätze für die gewünschte Reise nicht mehr anbietet? Um die erwarteten Einnahmen zu maximieren, sollte die Anfrage genau dann angenommen werden, wenn der Wert der

---

[7] vgl. [9]
[8] siehe [11]
[9] siehe [5]

Reise (also die kumulierten Erlöse über alle Teilstrecken) genau so groß oder größer als die erwarteten Verdrängungskosten ist.[10]

Diese auf den ersten Blick relativ einfach erscheinende wertmäßige Formulierung des Entscheidungsproblems ist in der Praxis jedoch sehr schwer umzusetzen. Dies liegt daran, dass für eine komplette Betrachtung alle zukünftig möglichen Einflüsse der Buchung im kompletten Flugnetzwerk in Betracht gezogen werden müssen, und eine Vielzahl von Faktoren die Komplexität dabei erhöhen.

Einige dieser das Revenue Management beeinflussenden Faktoren seien hier kurz aufgezählt und erläutert:[11]

Kundenverhalten und Nachfrageprognose

- unvorhergesehene Nachfrageschwankungen

- Saison- oder Wochentag-bedingte Schwankungen

- besondere Ereignisse

- Sensitivität bzgl. Aktionen bei der Preissteuerung

- Nachfrage-Abhängigkeiten zwischen Buchungsklassen

- Batch bookings (Buchungsanfrage für 2 oder mehr Sitze auf derselben Reise)

- Cancellations (Absagen oder Umbuchungen, die früh genug passieren, um eine Neubuchung durch das System zu ermöglichen)

- Probleme durch verspätete oder abgesagte Flüge und Umleitungen

- Go-Shows (Passagiere die mit gültigem Ticket zum Abflugszeitpunkt erscheinen, aber für die kein Eintrag im Reservierungssystem vorliegt, z.B. durch Übertragungsfehler oder großer zeitlicher Lücke bei der Übertragung der Buchungsdaten)

- Group Bookings (Buchungen für Gruppen von Passagieren, die mit einem Vertreter der Airline speziell ausgehandelt wurden)

- Beliebige Reihenfolge der Buchungsanfragen verschiedener Buchungsklassen

- No-Shows (Passagiere treten den Flug ohne vorherige Absage nicht an; somit kann ihr Sitz nicht mehr über das normale Buchungssystem neu vergeben werden. Tritt besonders häufig auf bei Passagieren mit Tickets aus hohen Buchungsklassen, da diese Tickets bei Cancellations oder No-Shows komplett zurück erstattet werden)

- Upgrades (entweder Angebot an den Passagier ohne zusätzliche Kosten in einer höheren Service-Klasse zu fliegen (z.B. im Austausch für Vielflieger-Punkte), oder

---

[10] vgl. hierzu z.B. [15]
[11] für eine detailliertere Auflistung siehe [11]

Entscheidung des Passagiers zu einem höheren Preis als ursprünglich geplant zu fliegen, da zu dem ursprünglichen Preis keine Plätze mehr frei sind)

Kontroll-System
- hohe Buchungs-Vorlaufzeit (oft mehr als 300 Tage)
- niedrige Anzahl der möglichen Buchungsklassen
- Leg-based oder volle Origin-Destination-Flight Kontrolle
- unterschiedlich verschachtelte Buchungsklassen
- Häufigkeit von Kontroll-Updates
- Grad der Verbundenheit der Reservierungssysteme untereinander
- Steuerung von Overbooking

Revenue Faktoren
- Unsicherheit von Preisen
- Vergütungen für Vielflieger
- Sonderbehandlung von Mitarbeitern (z.B. Freiflüge)
- Restriktionen (z.B. Vorausbuchungspflicht, Strafen für Cancellations, Pflicht eines Wochenendaufenthaltes vor dem Rückflug, etc.)

Variable Kosten-Faktoren
- Kosten pro Passagier
- Strafkosten für Denied Boarding (Ablehnung von Passagieren mit Tickets, da mehr Passagiere erscheinen als Plätze verfügbar sind; resultiert aus Überbuchung; Kosten entstehen z.B. durch Bezahlung einer Übernachtung für den Passagier oder andere monetäre Kompensation)
- Goodwill Kosten (durch Ablehnung aufgrund von Überbuchung kann das Image der Airline bei dem Passagier Schaden nehmen und evtl. dafür sorgen, dass der Passagier in Zukunft Flüge bei anderen Airlines bucht; schwer quantifizierbar)

Problemgröße
- große Airlines oder Airline Alliances (z.B.: das System für Lufthansa/United/SAS ORION verarbeitet täglich ca. 4.000 Flüge und 350.000 Reisen von Passagieren[12])

---

[12] siehe hierzu [6] oder [2]

Faktoren aus anderen Bereichen

- Marktstrategien

- Airline Allianzen

- Routenplanung der Flüge

- Fleet Assignment (Zuteilung von Flugzeugen bestimmter Kapazitäten zu den Routen)

Diese Vielzahl an das Revenue Management beeinflussenden Faktoren kann in einem reellen System natürlich nicht umgesetzt werden; deswegen werden einige dieser Faktoren während der Analyse und Modellierung nicht berücksichtigt, andere werden approximiert.

3.1. Overbooking

Besonders in der Airline-Industrie wird versucht den oben beschriebenen Problemen von Stornierungen und No-Shows mit gezielter Überbuchung der Kapazitäten im Reservierungsprozess zu begegnen. Die Überbuchungsproblematik ist dabei als Trade-Off anzusehen zwischen einerseits Leerkosten bei nicht ausgelasteten Kapazitäten und andererseits Überbuchungskosten für überbuchte Passagiere (wie z.B. finanzielle Kompensation, Übernahme von Beherbergungs- und Verpflegungskosten etc., sowie Schäden für das Unternehmensimage).

Stornierungen und No-Shows sind dabei keine Einzelfälle, sondern treten sehr häufig auf; bei der Lufthansa AG traten im Jahr 2001 ca. 7 Millionen Passagiere ihren Flug nicht an, was 13,9% der gesamten gebuchte Fluggäste bzw. 18.500 Leerfügen großer Jumbos entspricht.[13]

Die Realisierung der Überbuchungssteuerung erfolgt durch die Vorgabe von zeit- und nachfrageabhängigen Buchungslimits, welche die maximale Anzahl an zu verkaufenden Tickets für einen Flug festlegen, und oft deutlich über der tatsächlichen physischen Sitzplatzkapazität des Flugzeuges liegen. Grundlage für diese Steuerung ist eine fundierte Prognose, die sowohl die Anzahl der zu erwartenden Stornierungen und No-Shows, als auch die Anzahl der noch eintreffenden Buchungsanfragen schätzt. Basierend auf diesen Daten lassen sich

---

[13] vgl. [8]

dann die Buchungslimits bestimmen; in der Literatur existieren dazu eine Reihe von statischen und dynamischen Problemlösungsansätzen.

Aufgrund der dynamischen Problemnatur können statische Ansätze die Realität nur unvollständig abbilden, da die Buchungslimits nur einmal zu einem bestimmten Zeitpunkt festgelegt werden, und im Zeitverlauf schwankende Nachfrage oder Stornierungen nicht berücksichtigt werden; dafür sind die statischen Ansätze intuitiv und einfach zu berechnen. Dynamische Problemlösungsansätze hingegen berücksichtigen die Schwankungen im Zeitverlauf, sind dafür aber aufgrund ihrer methodischen Komplexität im Hinblick auf ihre praktische Umsetzbarkeit mit Problemen behaftet.[14]

Der Erfolg solcher Problemlösungsansätze ist eindrucksvoll; so wurden in einem Lufthansa-Flug von Frankfurt nach Miami am Sonntag vor Weihnachten 2001, für den 119 Tage vor Abflug 504 Buchung vorlagen (bei einer tatsächlichen Sitzplatzkapazität des Flugzeuges von 390 Plätzen), letztendlich nur 374 Passagiere befördert.

Insgesamt beförderte die Lufthansa AG 2001 auf bereits ausgebuchten Flügen etwa 1,13 Millionen zusätzliche Gäste, und nur jeder tausendste Passagier musste als Folge der Überbuchung abgewiesen werden.[15]

3.2. Pricing

Die Deregulierung des amerikanischen Flugmarktes erlaubte eine flexible Preisgestaltung und eröffnete somit den Fluggesellschaften die Möglichkeit zur Preisdifferenzierung. In einem ersten Schritt begannen die Fluggesellschaften auf nicht ausgelasteten Strecken neben einem Normaltarif auch einen Spartarif für Frühbucher anzubieten. Damit bezweckten sie eine Generierung von zusätzlicher Nachfrage in preissensitiven Marktsegmenten und somit eine bessere Auslastung ihrer Kapazitäten. Dies ist von besonderer Bedeutung, da für die Bereitstellung der Kapazitäten hohe Fixkosten anfallen und eine Anpassung der Kapazitäten kurzfristig nicht erfolgen kann. Bald erkannten die Fluggesellschaften dann das weitere Potential der Preisdifferenzierung, nämlich die Generierung zusätzlichen Ertrages durch Abschöpfung der Konsumentenrente.

---

[14] vgl. [16]
[15] siehe [8]

Am folgenden Beispiel[16] seien nun die für das Pricing wichtigen Überlegungen veranschaulicht dargestellt. Dabei wird vereinfachend angenommen, dass die Preis-Absatz-Funktion für einen Flug linear verläuft.

Die Sitzplatzkapazität des Flugzeuges beträgt 100. Werden alle Tickets zum festen Preis von 490 € verkauft (vgl. Abbildung 2a), so bleiben zum Abflugzeitpunkt 60 Sitze leer, da nur 40 Kunden bereit sind, den Preis von 490 € zu bezahlen. Der erwirtschaftete Erlös beträgt in diesem Falle 19.600 €.

Um alle Plätze auszulasten, müssten die Tickets zum Preis von 250 € verkauft werden (vgl. Abbildung 2b); diese Strategie würde zu einem Gesamterlös von immerhin schon 25.000 € führen.

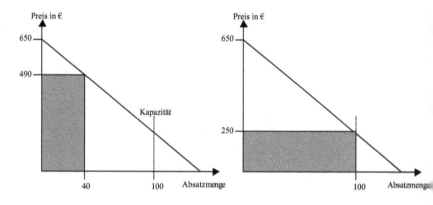

Abb. 2a & 2b: Preis-Absatz-Funktion für einen Beispiel-Flug

Bietet man jedoch Tickets zu beiden Preisen an, so könnte man im günstigsten Fall 40 Tickets zu 490 € und 60 Tickets zu 250 € verkaufen, was dann einem Gesamterlös von 34.600 € führen würde (vgl. Abbildung 2c).

---

[16] vgl. [8]

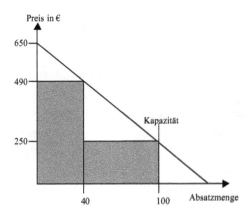

Abb. 2c: Gesamterlös bei Preisdifferenzierung

Ideal wäre es also, jedem Kunden das Ticket zu dem Preis anzubieten, den er gerade noch bereit ist zu bezahlen. Da dies in der Praxis nicht realisierbar ist, unterscheiden die Fluggesellschaften mit Hilfe von Buchungsklassen nur eine begrenzte Anzahl von Preisen. Die Zahl der Buchungsklassen ist in der Regel auf maximal 20 beschränkt.

Es stellt sich nun die Frage, wie sich eine auf den ersten Blick identische Dienstleistung (nämlich die Beförderung des Passagiers mit einem bestimmten Flug) zu unterschiedlichen Preisen anbieten lässt. Die Möglichkeiten hierzu beruhen auf das bereits im ersten Kapitel erwähnte Fencing; an verschiedene Buchungsklassen sind unterschiedliche Restriktionen geknüpft. Dies können beim Airline Revenue Management z.B. eingeschränkte oder nicht vorhandene Umbuchungs- und Stornierungsoptionen, oder längere Vorausbuchungsfristen sein, welche verhindern, dass Kunden ohne Einbußen zwischen den verschiedenen Buchungsklassen wechseln können.

Grundsätzlich gilt dabei, dass billigere Tickets zu einer Buchungsklasse mit vielen Restriktionen gehören, während Tickets zu höheren Preisen aus Buchungsklassen sind, die dem Kunden mehr Flexibilität (z.B. kostenlose Stornierung oder Kauf direkt vor dem Abflug) einräumen. Dadurch erzeugt man zusätzliche Nachfrage bei Kunden, denen in erster Linie der Preis wichtig ist (z.B. Urlaubsreisende), ohne dabei eine Abwanderungen der Kunden aus den höheren Buchungsklassen, welche üblicherweise von Geschäftskunden genutzt werden, zu riskieren.

Aus dieser Preisdifferenzierung entsteht für die Fluggesellschaften ein zusätzliches Steuerungsproblem, welches sich wie folgt begründet: die Vorausbuchungsfristen sind im Rahmen des Fencing so ausgelegt, dass Tickets aus niederwertigeren Buchungsklassen tendenziell vor Tickets aus höherwertigeren Buchungsklassen nachgefragt werden. D.h. dass über die Vergabe der Niedrigpreistickets bereits entschieden werden muss, bevor die Nachfrage für die hochpreisigen Tickets bekannt ist.[17] Wird nun ein Platz zu einem niedrigen Preis vergeben, so ist dieser Platz für eine eventuell später eintreffende Buchungsanfrage zu einem höheren Preis nicht mehr verfügbar; es kann also dadurch zu einer Umsatzverdrängung kommen. Andererseits kann aber auch ein Umsatzverlust entstehen, falls eine aktuelle Anfrage zu einem niedrigen Preis abgelehnt wird, aber dann die zukünftige Nachfrage nicht groß genug ist, um die Sitzplatzkapazitäten voll auszulasten.

Auch diese Problematik lässt sich an oben erläutertem Beispiel verdeutlichen: werden die Tickets sowohl für 250 € als auch für 490 € verkauft, und geht man wie beschrieben davon aus, dass zuerst die Nachfrage für die billigeren Tickets eintrifft, so würde das Flugzeug vollständig mit Niedrigpreiskunden belegt werden.

Die Lösung dieses Problems ist Gegenstand der Seat Inventory Control, welche im folgenden Kapitel erläutert wird.

3.3. Seat Inventory Control

Die Lösung des Problems der Seat Inventory Control bei mehreren Buchungsklassen wird seit 1972 betrieben. Dabei änderte sich der Schwerpunkt im Lauf der Zeit: anfangs wurden nur Ansätze betrachtet, die eine Steuerung auf Basis einzelner Flüge (single-leg flights) durchführten[18]; später ging man dann zu Ansätzen über, die die Auswirkungen von Buchungsentscheidungen auf Basis des gesamten Flugnetzes, d.h. sämtlicher, auch aus mehreren Teilstrecken bestehenden Verbindungen, evaluieren; hier spricht man dann von ODF (Origin-Destination and Fare Class) – Kontrolle, bzw. multiple-leg flights oder Netzwerkflügen.

---

[17] siehe [8]
[18] vgl. hierzu z.B. [10]

18

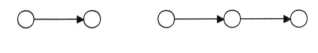

single-leg flight   multiple-leg flight

Abb.3: single-leg flight vs. multiple-leg flight

Die Notwendigkeit zur Berücksichtigung des gesamten Flugnetzes ergab sich durch die Einführung von so genannten Hub-Spoke-Netzen seitens der Fluggesellschaften; bei solchen Flugnetzen dienen bestimmte Flughäfen als Konzentratoren (Hubs), über welche dann Verbindungen zur Vermeidung schlecht ausgelasteter Direktflüge geleitet werden. Die Lufthansa AG betreibt einen solchen Hub z.B. in Frankfurt am Main.[19]

Als Folge dieser Entwicklung konkurrieren Nachfrager, welche einen Direktflug von A nach B wünschen, mit Nachfragern, die von B aus auch noch einen Anschlussflug weiter nach C verlangen, um eine die Kapazität auf der Strecke A-B. Außerdem stehen diese Passagiere, die einen Flug von A über B nach C möchten, zusätzlich noch in Konkurrenz zu den Passagieren, die einen Direktflug von B nach C wünschen. Darüber hinaus existieren für sämtliche Verbindungen als Folge der Preisdifferenzierung auch noch unterschiedliche Buchungsklassen. Die Fluggesellschaft muss nun im Rahmen des Seat Inventory Controls festlegen, wie viele Einheiten in welcher Buchungsklasse auf den angebotenen Verbindungen abzusetzen sind, so dass der erzielte Gesamterlös maximiert wird.

Im Folgenden wird die Optimierung von Einzelflügen nicht weiter betrachtet, es findet anstatt dessen eine Behandlung von Netzwerk-Modellen statt. Der Grund hierfür ist, dass bei der Betrachtung von single-leg flights immer nur eine lokale Optimierung stattfindet, und diese nicht immer einer globalen Optimierung entspricht, teilweise zu dieser sogar konfligiert. Sei zur Verdeutlichung hierzu wieder ein einfaches Netzwerk A-B-C herangezogen, bei dem auf der Teilstrecke A-B nur noch ein Sitzplatz verfügbar ist; der Ticketpreis für einen Passagier 1, der von A nach B fliegen möchte, sei 200 €, und die Ticketpreise für Passagier 2, welcher von A über B nach C fliegen möchte, 150 € für die Verbindung A-B und 150 € für die

---

[19] siehe [8]

Verbindung B-C. Würde man nun lokal auf der Teilstrecke A-B optimieren, so würde Passagier 1 den letzten Sitzplatz zugewiesen bekommen, da der Erlös aus dem Ticketverkauf an ihn auf der Strecke A-B höher ist als bei Passagier 2. Betrachtet man aber das gesamte Flugnetz, so müsste Passagier 2 den Platz bekommen, da der Gesamterlös bei ihm (300 €) höher ist als bei Passagier 1 (200 €).

Außerdem wird im Folgenden von folgenden, vereinfachenden Modellannahmen ausgegangen[20]:

- Keine No-Shows und Stornierungen

- Keine Preisvariationen während des Planungszeitraumes

- Sequentielle Ankünfte von Reservierungsanfragen aus unterschiedlichen Buchungsklassen

- Reservierungsanfragen aus niedrigeren Buchungsklassen treffen immer vor solchen aus höheren Buchungsklassen auf

- Keine Upgrades

- Statistische Unabhängigkeit der Nachfragen aus unterschiedlichen Buchungsklassen

- Keine Batch-Bookings

3.3.1. Modelle für Network Revenue Management

Das Ziel ist nun also eine Maximierung der Gesamterlöse der Fluggesellschaft bei Flügen innerhalb eines Flugnetzes aus verschiedenen ODF-Kombinationen, unter Berücksichtigung von aus dem Forecasting gewonnenen Wahrscheinlichkeitsverteilungen der Kundennachfragen. Jede ODF-Kombination im Netzwerk besteht aus einem oder mehreren Einzelflügen, und die beschränkte Kapazität dieser Flüge muss ertragsoptimal ausgelastet werden.[21] Dies kann dadurch erreicht werden, dass die Anzahl der für niedrige Buchungsklassen reservierten Sitze beschränkt wird.

Sei nun x_{ODF} die Anzahl der Sitze, die für die jeweilige ODF-Kombination reserviert ist. Diese Definition impliziert, dass jeder Sitz auf jedem Einzelflug für genau eine ODF-Kombination reserviert ist. Die Passagiere werden damit in homogene Gruppen aufgeteilt, deren Beitrag zum Network Revenue eindeutig ist. Sei weiterhin N die Gesamtzahl von Einzelflügen in dem ODF-Netzwerk, und S_i alle möglichen ODF-

---

[20] vgl. [16]
[21] vgl. [1]

Kombinationen auf einem flight leg l. Die stochastische, aggregierte Nachfrage für jede ODF-Kombination sei D_{ODF}. Außerdem seien f_{ODF} der Preis für ein Ticket aus der jeweiligen ODF-Kombination, und C_l die Sitzplatzkapazität auf dem flight leg l. Die x_{ODF} sind integer Entscheidungsvariablen, die so gewählt werden, dass der erwartete Gesamterlös maximiert wird. Zum Zeitpunkt des Abfluges ist die Anzahl der Passagiere, die auf dem ODF befördert wird, gleich dem Minimum aus Kapazität auf dem ODF und Reservierungen auf dem ODF.

Das allgemeine, stochastische Problem (PMP für probabilistic mathematical problem) kann also folgendermaßen formuliert werden:

(PMP)[22]

$$\text{Maximiere} \quad E \left(\sum_{ODF} f_{ODF} \min\{x_{ODF}, D_{ODF}\} \right)$$

Subject to

$$\sum_{ODF \in Sl} x_{ODF} = C_l \quad \text{für alle flight legs } l = 1,\ldots,N$$

$$x_{ODF} = 0, \text{ integer} \quad \text{für alle ODF-Kombinationen}$$

PMP ist ein nichtlineares Programm mit einer konkaven Zielfunktion.

Eine einfache Approximations-Methode für PMP besteht darin, jedes D_{ODF} durch seinen Erwartungswert ED_{ODF} zu ersetzen. Man erhält dadurch dann das deterministische mathematische Programmierungs-Problem DMP:

(DMP)

$$\text{Maximiere} \quad \sum_{ODF} f_{ODF} \, x_{ODF}$$

Subject to

$$\sum_{ODF \in Sl} x_{ODF} = C_l \quad \text{für alle flight legs } l = 1,\ldots,N$$

---

[22] nach [1]

$$x_{ODF} = ED_{ODF} \qquad \text{für alle ODF-Kombinationen}$$

$$x_{ODF} = 0, \text{integer} \qquad \text{für alle ODF-Kombinationen}$$

Ist nun bei diesem integer-programming Problem die Anzahl der Entscheidungsvariablen und der Constraints sehr groß, so wird es in der Praxis sehr schwer lösbar. Deswegen relaxiert man DMP und erhält dadurch seine LP-Relaxation DLP:

$$\text{Maximiere} \quad \sum_{ODF} f_{ODF} \, x_{ODF}$$

(DLP)

$$\text{Subject to}$$

$$\sum_{ODF \in Sl} x_{ODF} = C_l \qquad \text{für alle flight legs } l = 1, \dots, N$$

$$x_{ODF} = ED_{ODF} \qquad \text{für alle ODF-Kombinationen}$$

$$x_{ODF} = 0 \qquad \text{für alle ODF-Kombinationen}$$

Die Lösung von DLP ist also eine Zuweisung von Sitzplätzen für jede ODF-Kombination, x_{ODF}, wobei diese Zuweisung auf dem Beitrag der Sitzplätze zum Gesamt-Revenue innerhalb des Netzwerkes basiert, und die Interaktion zwischen den einzelnen flight-legs mit einbezogen wird.

Da man zu DLP über Relaxation von DMP kam, ist die Lösung von DLP nicht zwingend integer, aber „Teile" von Sitzplätzen können nicht verkauft werden. Man könnte zum Erhalt einer integer-Lösung natürlich DMP lösen; dies will man aber gerade aus Rechenzeit-Gründen vermeiden. Es gibt eine alternative Möglichkeit, über DLP an eine integer-Lösung zu gelangen, und zwar über eine Anpassung der Restriktionen: denn sind in einem Netzwerk-Problem die oberen und unteren Grenzen der Entscheidungsvariablen integer, und sind gleichzeitig auch noch die rechten Seiten der Constraints integer, wird auch die Lösung integer.[23] Macht man also sowohl die Restriktionen bzgl. der Nachfrage als auch die bzgl. der Kapazitäten auf der rechten Seite zu integer-Werten, so wird auch die von DLP erhaltene Lösung integer sein. Dies kann man z.B. durch Runden der Werte auf den rechten Seiten erreichen. Durch das Lösen des linearen Programms mit integer-Werten bei den Restriktionen erhält man so immer eine optimale integer-Lösung des Problems.[24]

Im Seat Inventory Control Prozess ist zu unterscheiden zwischen den mathematischen Modellen zum Berechnen der Platzbelegungen auf der einen Seite und den Kontroll-Methoden zum Umsetzen der Beschränkungen der Plätze für die Buchungsklassen bzw. ODF-Kombinationen.

Der erste Schritt im Seat Inventory Control Prozess ist die Optimierung; hierbei werden Methoden der mathematischen Programmierung benutzt um eine „optimale" Sitzplatzverteilung für jede ODF-Kombination in einem Netzwerk von Flügen festzulegen. Allerdings sind die in diesem Abschnitt betrachteten Modelle statisch und gehen von nicht verschachtelten Buchungsklassen aus. Die in dem nächsten Schritt statt findende Implementierungen dieser gefunden Sitzverteilungen als Buchungslimits, also die eigentliche Kontrolle der der Seat Inventories, ist genauso wichtig wie die vorangegangene Optimierung für die Maximierung der Erlöse im Rahmen des Reservierungsprozesses. Die vorgestellten Techniken erweitern die vorgestellten Mathematical Programming Modelle um verschachtelte Buchungsklassen[25].

3.3.2. Netzwerk-Lösungen zur Kontrolle

Die vorgestellten Lösungen sind Ansätze für verschachtelte Buchungsklassen („Nesting") und für Bid-Preise.

3.3.2.1. Nesting

Viele Fluggesellschaften benutzen in der Praxis verschachtelte Buchungsklassen. Verschachtelte Buchungsklassen werden dazu verwendet, dass solange Kapazitäten

---

[23] siehe [3]
[24] vgl. [17]
[25] vgl. [12]

frei sind, diese auch für die hohen Buchungsklassen, welche mehr Erlöse verschaffen, verfügbar sind. Betrachtet man einen Einzelflug, so ist jede Buchungsklasse in der nächst höheren Buchungsklasse eingebettet („nested"). Seien z.B. für einen Einzelflug 4 Buchungsklassen Y, B, H, V gegeben, wobei Y die Buchungsklasse mit den höchsten Erlösen bzw. Ticketpreisen und V die Buchungsklasse mit den niedrigsten Erlösen bzw. Ticketpreisen ist, dann sind die Sitze der Buchungsklasse V in H eingebettet, die von H in B, und die von B in Y.

In der folgenden Abbildung wird der Unterschied zwischen verschachtelten und getrennten Buchungsklassen dargestellt:

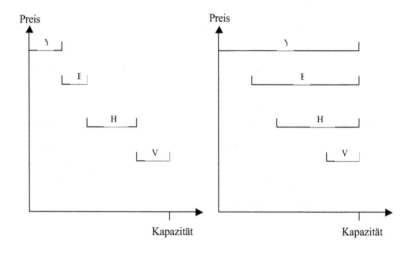

Abb. 4a & 4b: Seat Inventories bei 4 verschiedenen Buchungsklassen für partitionierte Buchungsklassen (links) und verschachtelte Buchungsklassen (rechts)

Seien jetzt als Beispiel der Klasse Y 20 Sitze zugeordnet, 30 der Klasse B, 15 der Klasse H, und 35 der Klasse V, dann wäre durch Nesting für die Klasse Y die komplette Sitzplatzkapazität des Flugzeuges, nämlich 100, verfügbar; für die Klasse B wären es 80, für die Klasse H 50 und für die Klasse V die ursprünglichen 35. Kommt jetzt z.B. eine Buchungsanfrage über 50 Sitze in der Buchungsklasse Y, so könnten (wenn noch insgesamt genügend Sitzplätze frei sind) in dieser verschachtelten Struktur alle 50 Plätze mit Passagieren aus der höchsten Buchungsklasse Y belegt werden. Betrachtet man hingegen die partitionierte Inventory Struktur, so könnten nur 20 Sitze mit den Anfragen für Y belegt werden, da dieser Buchungsklasse ausschließlich ihre 20 Sitze zur Verfügung stehen und nicht die der niedrigerwertigen Buchungsklassen; man würde in diesem Fall also Revenue verlieren.

Durch diese Verschachtelung der Buchungsklassen werden die Auswirkungen von Fehlern bei der Prognose der Nachfrage von höherwertigen Buchungsklassen also vermindert. Es wurde in der Literatur[26] gezeigt, dass die zu erwartenden Erlöse bei einer verschachtelten Inventory Struktur mindestens genauso hoch, oft aber höher als bei einer partitionierten Inventory Struktur sind.

Bei der Betrachtung eines Einzelfluges ist das Festlegen einer Reihenfolge der Buchungsklassen zum Verschachteln relativ eindeutig: die Buchungsklasse mit den höchsten Erlösen steht ganz oben, die mit den niedrigsten Erlösen ganz unten. In einem Netzwerk von Flügen ist die Zuordnung nicht mehr eindeutig; so ist z.B. die ODF-Kombination mit dem höchsten Erlös nicht notwendigerweise die bestmögliche Wahl im Rahmen des gesamten Netzwerkes. Bei hoher lokaler Nachfrage ist es z.B. oft der Fall, dass die hochwertigen lokalen ODF-Kombinationen mehr zum Revenue des gesamten Netzwerkes beitragen als die insgesamt höherwertigen multiple-leg ODF-Kombinationen.

Es gibt nun drei unterschiedliche Möglichkeiten, die Verschachtelungen der Buchungsklassen zu bestimmen: Reihenfolge nach Buchungsklasse, Reihenfolge nach Preis, oder Reihenfolge nach Schattenpreisen.

Ordnet man die Reihenfolge nach der Buchungsklasse, so wird die Höhe des Gesamt-Revenue nicht berücksichtigt; so wird ein Passagier, der lokal in einer niedrigwertigen Buchungsklasse fliegt, niedriger eingestuft als ein Passagier, der auf dem lokalen Einzelflug in einer höheren Buchungsklasse ist; dabei kann es sein, dass der Gesamtflug des ersten Passagiers höher ist, und er so insgesamt mehr zum Revenue beisteuert.

Bei Ordnung nach dem Preis werden die Flüge zum höchsten Preis in der Reihenfolge ganz nach oben gesetzt; die Auslastung der Flüge wird dabei aber nicht berücksichtigt.

---

[26] siehe [17]

Die dritte Möglichkeit, die in der Literatur[27] die deutlich besten Simulationsergebnisse erreichte, ist die Festlegung der Reihenfolge der Buchungsklassen nach Schattenpreisen. Der Schattenpreis einer ODF-Kombination ist dabei die Revenue Erhöhung, die erreicht wird, wenn ein zusätzlicher Sitzplatz für diese ODF-Kombination zur Verfügung gestellt wird, und alle anderen Platzzuweisungen dabei unverändert bleiben. Im vorgestellten Modell DMP kann die resultierende Revenue Änderung also approximiert werden durch den Schattenpreis der jeweiligen Nachfrage-Restriktion, oder durch die reduzierten Kosten der korrespondierenden Entscheidungsvariablen für den Fall, dass in der Optimallösung der entsprechenden ODF-Kombination kein Sitzplatz zugewiesen ist.[28]

Sind nun die ODF-Kombinationen nach ihrem Beitrag zum Revenue im Gesamtnetzwerk in eine Reihenfolge gebracht, muss eine Strategie zur konkreten Buchungskontrolle spezifiziert werden. Jedes Mal, wenn eine Buchungsanfrage für eine bestimmte ODF-Kombination im Netzwerk eintrifft, muss eine schnelle Entscheidung getroffen werden, ob die Anfrage akzeptiert oder abgelehnt wird.
Sei nun (j,k) die nachgefragte ODF-Kombination in Buchungsklasse k auf dem OD-Paar j. Es wird angenommen, dass eines der vorgestellten Modelle bereits gelöst wurde, und somit x(j,k) die Anzahl der Sitze ist, die der ODF-Kombination (j,k) zugewiesen wurde. Außerdem wird angenommen, dass die ODF-Kombinationen nach ihrem geschätzten Beitrag zum Netzwerk Revenue geranked sind; dabei bedeutet (j,k) > (p,q) dass die ODF-Kombination (j,k) höher geranked ist als (p,q). Sei weiterhin n(j,k) die Anzahl der bereits akzeptierten Buchungsanfragen auf (j,k) und RC_l die verbleibende Kapazität auf flight leg l. Wenn der Einzelflug l Teil des Gesamtfluges j ist, wird dies als $l \in T_j$ notiert.
Der folgende Algorithmus[29] kann dann zur verschachtelten, ODF-basierten Buchungskontrolle verwendet werden:

0. Initialisiere alle Variablen RC_l mit den momentanen Kapazitäten der jeweiligen flight legs l. Setze n(j,k) = 0 für alle ODF-Kombinationen (j,k).
1. Eine Buchungsanfrage für eine ODF-Kombination (p,q) trifft ein und es muss zwischen Annahme oder Ablehnung entschieden werden.

---

[27] siehe [17]
[28] vgl. [1]
[29] nach [1]

26

2. Definiere $b(j,k) = \max\{x(j,k) - n(j,k), 0\}$ für alle ODF-Kombinationen (j,k).

3. Definiere $b_l = \displaystyle\sum_{(j,k)\in Sl:(j,k)>(p,q)} b(j,k)$ für jedes flight leg $l \in T_q$.

4. Definiere $c_{min} = \min\{RC_l - b_l \mid l \in T_p\}$.

5. If $c_{min} > 0$ akzeptiere Buchungsanfrage, setze $RC_l = RC_l - 1$ für alle flight legs

$l \in T_p$, und setze $n(p,q) = n(p,q) + 1$.

Else lehne Buchungsanfrage ab.

6. Wenn neue Buchungsanfrage innerhalb der Buchungsperiode eintrifft, dann gehe zu Schritt 1. Ansonsten beende Algorithmus.

Schritt 0 ist die Initialisierungsphase, welche nur zu Beginn der Buchungsperiode auftritt. In Schritt 1 gehen wir von einer Buchungsanfrage für eine spezifische ODF-Kombination aus, die während der Buchungsperiode eintrifft. Die in Schritt 2 definierten Variablen $b(j,k)$ sind repräsentieren die Anzahl der Sitze, die wir für die ODF-Kombination (j,k) gegen niedriger gerankte ODF-Kombinationen während dem Rest der Buchungsperiode schützen wollen. Der Ausgangszustand der $b(j,k)$ hängt dabei von der Lösung des Modells ab, und ihr Wert verringert sich immer wenn eine Buchungsanfrage für die jeweilige ODF-Kombination angenommen wird. Durch die Verschachtelung ist es dabei möglich, dass die Anzahl der akzeptierten Buchungsanfragen für eine ODF-Kombination größer wird als die Anzahl Sitze, die durch die Modelllösung zugewiesen wurden; in diesem Fall sollen keine weiteren Sitze für diese ODF-Kombination reserviert werden. Die in Schritt 3 berechneten Variablen b_l repräsentieren die Anzahl der Sitze auf jedem Einzelflug, die für ODF-Kombinationen reserviert werden, die höher geranked sind als (p,q); sie werden für jeden Einzelflug berechnet, der Teil der ODF-Kombination (p,q) ist. In Schritt 4 wird berechnet, wie viele Sitzplätze für die ODF-Kombination (p,q) (nach der Korrektur der Restkapazität auf dem jeweiligen flight leg um die geschützten Sitzplätze) noch übrig sind. Dieser Wert c_{min} ist das Minimum der Anzahl an Sitzen, die auf allen flight legs aus T_j verfügbar sind. Ist c_{min} größer als Null, so ist auf jedem zur ODF-Kombination (p,q) gehörendem flight-leg mindestens noch ein Sitz frei, und die Buchungsanfrage kann angenommen werden; des weiteren müssen dann noch die in Schritt 5 angegebenen Anpassungen der Kapazitäten und Anzahl der vergebenen

Flüge angepasst werden. Ist c_{min} gleich Null, so wird die Buchungsanfrage abgelehnt und keine weiteren Anpassungen sind nötig. Im letzten Schritt wird dann angewiesen, bei einer weiteren Anfrage während der Buchungsperiode den kompletten Vorgang zu wiederholen; ansonsten wird der Algorithmus beendet.

Es ist zu beachten, dass der vorgestellte Algorithmus eine sich nicht während der Zeit ändernde booking control Strategie voraussetzt; d.h. wird das zugrunde liegende Modell neu optimiert, so können sich Sitzverteilungen und die Verschachtelungen der Buchungsklassen ändern, so dass der Algorithmus dann neu gestartet werden sollte.[30]

3.3.2.2. Bid-Preise

Ein anderer Ansatz zur Steuerung der Buchungslimits sind die so genannten Bid-Preise. Die Opportunitätskosten beim Verkauf eines Tickets für eine bestimmte ODF-Kombination können approximiert werden durch die Summe der Schattenpreise der Kapazitäts-Restriktionen für alle beteiligten flight legs. Ist ein Passagier nun bereit mehr für eine Gesamtreise zu bezahlen als sie demnach eigentlich wert ist, so ist es profitabel seine Buchungsanfrage anzunehmen. Der Wert der Gesamtreise für das Netzwerk heißt dabei Bid-Preis. Nur wenn der Erlös für eine ODF-Kombination höher ist als ihr Bid-Preis ist diese zugehörige Buchungsklasse offen für Buchungsanfragen; ansonsten ist die Buchungsklasse geschlossen und keine Buchungsanfragen in ihr werden mehr akzeptiert. Die Differenz zwischen dem Wert einer Gesamtreise und ihrem Bid-Preis entspricht dabei genau den reduzierten Kosten der korrespondierenden Entscheidungsvariable.

Der Vorteil dieses Ansatzes ist es, dass man nur die verbleibende Kapazität und den Status einer ODF-Kombination (offen oder geschlossen) betrachten muss. Dabei kann allerdings das Problem entstehen, dass wenn eine Klasse offen für Buchungen ist, es kein Limit für die Anzahl der akzeptierten Buchungsanfragen gibt; dadurch wäre es möglich, dass Passagiere aus einer ODF-Kombination, die nur wenig zum Gesamt-Revenue des Netzwerkes beiträgt, zu viele Kapazitäten belegen. Dieses Problem wird in der Praxis dadurch umgangen, dass die Bid-Preise häufig unter Berücksichtigung der aktuellen Buchungen neu berechnet werden. Diese

---

[30] vgl. [1]

Neuberechnung kann dann zur Schließung vorher offener ODF-Kombinationen und zur Öffnung vorher geschlossener ODF-Kombinationen führen.

In der Literatur[31] wurde durch Simulationen festgestellt, dass die 2 Ansätze Nesting nach Schattenpreisen und Bid-Preise zu vergleichbar guten Ergebnissen führen.

Abschließend sei nun noch ein Beispiel für die Lösung eines LP-Modells aufgeführt; außerdem wird an diesem Beispiel[32] die Bestimmung von Bid-Preisen erläutert.

Eine Fluggesellschaft betreibt ein Netz bestehend aus 2 Teilstrecken A-B und B-C. Die dort eingesetzten Flugzeuge besitzen jeweils eine Kapazität von 100 Sitzplätzen. Außer den beiden Einzelflügen wird auch der multiple-leg flight A-B-C angeboten. Es existieren für alle Verbindungen 2 Buchungsklassen, X und Y, die mit einem niedrigen bzw. hohen Preis verbunden sind. Die Nachfragen und die Preise für die jeweiligen ODF-Kombinationen sind in folgender Tabelle aufgeführt:

	Verbindung A-B		Verbindung B-C		Verbindung A-B-C	
	Preis	Nachfrage	Preis	Nachfrage	Preis	Nachfrage
Klasse X	250 €	100	220 €	80	460 €	80
Klasse Y	490 €	40	400 €	60	880 €	50

Tabelle 1: Preise und Nachfrage der Beispielflüge

Wir definieren nun zur Aufstellung des Modells die Entscheidungsvariablen x_{AB}, x_{BC} und x_{AC} für die der Klasse X zuzuweisenden Sitzplätze, und analog die Variablen y_{AB}, y_{BC} und y_{AC}. Damit ergibt sich dann, entsprechend dem vorgestellten Modell DLP, folgende Modellformulierung:

---

[31] vgl. [17]
[32] vgl. [8]

(1) Maximiere $250x_{AB} + 220x_{BC} + 460x_{AC} + 490y_{AB} + 400y_{BC} + 880y_{AC}$

Subject to

(2) $x_{AB} + x_{AC} + y_{AB} + y_{AC}$ $= 100$

(3) $x_{BC} + x_{AC} + y_{BC} + y_{AC}$ $= 100$

(4) x_{AB} $= 100$

(5) x_{BC} $= 80$

(6) x_{AC} $= 80$

(7) y_{AB} $= 40$

(8) y_{BC} $= 60$

(9) y_{AC} $= 50$

(10) $x_{AB}, x_{BC}, x_{AC}, y_{AB}, y_{BC}, y_{AC} = 0$

Dabei maximiert die Zielfunktion (1) den Gesamterlös; die Nebenbedingungen (2) und (3) beinhalten die Kapazitätsrestriktionen, und die Nebenbedingungen (4) bis (9) die Nachfrage-Restriktionen.

Löst man dieses Problem nun optimal, so ergeben sich folgende Sitzplatzzuordnungen:

	Verbindung A-B		Verbindung B-C		Verbindung A-B-C	
	Ergebnis	Nachfrage	Ergebnis	Nachfrage	Ergebnis	Nachfrage
Klasse X	10	100	0	80	0	80
Klasse Y	40	40	50	60	50	50

Tabelle 2: Optimallösung des Beispieles

Der erzielte Gesamterlös liegt bei 86.500 €.

Betrachten wir nun die Bid-Preise in diesem Beispiel. Sie betragen für die erste Teilstrecke 250 €, und für die zweite Teilstrecke 400 €. Dies lässt sich wie folgt erklären: möchte die Fluggesellschaft ein weiteres Ticket auf der Strecke A-C verkaufen, so muss dafür auf den beiden Teilstrecken A-B und B-C zusätzliche Kapazität bereitgestellt werden. Die günstigste Möglichkeit auf der Teilstrecke A-B besteht darin, das Kontingent für x_{AB} um eins zu reduzieren, was in einem Erlösverlust von 250 € resultiert. Auf der Teilstrecke B-C kann nur die teurere Buchungsklasse Y, also das Kontingent von y_{BC}, um eins reduziert werden, was dann einen Erlösverlust von 400 € nach sich zieht.

Nun lässt sich mit Hilfe der ermittelten Bid-Preise eine einfache Regel zur Entscheidung, ob eine ankommende Buchungsanfrage für A-C angenommen oder abgelehnt wird, formulieren: eine Anfrage für A-C wird genau dann angenommen, wenn der daraus erzielte Erlös mindestens der Summe der Bid-Preise der betroffenen Teilstrecken entspricht. So würde z.B. eine Anfrage nach der Verbindung A-C zum Preis von 800 € angenommen, während eine Anfrage für 600 € abgelehnt würde.

4. Zusammenfassung und Ausblick

In der vorliegenden Arbeit wurde eine Einführung in das Revenue Management unter besonderer Berücksichtigung der Linearen Programmierung gegeben. Zuerst wurde das Revenue Management allgemein und seine Komponenten betrachtet, danach folgte eine Spezialisierung auf das Airline Revenue Management.

Durch die Konzentration bei den vorgestellten Modellen auf die allgemeinen deterministischen Modelle des Seat Inventory Control, die sich durch Approximation aus dem stochastischen Modell ergaben, wurde ein Großteil der Literatur außen vor gelassen. Dies liegt daran, dass sich die meiste Forschung im Bereich der dynamischen Programmierung abspielt, welche im Rahmen dieser Arbeit jedoch keine Rolle spielte.

Zukünftige Forschung im Bereich des Seat Inventory Control könnte vor allem an der Lockerung der zahlreichen Restriktionen, wie keine No-Shows, Stornierungen und Preisvariationen, und damit realitätsnäheren Modellen orientiert sein.

Im Anschluss an die Modelle wurden mit Nesting und Bid-Preisen zwei konkrete Möglichkeiten zur Implementierung eines Buchungs-Kontrollsystems vorgestellt.

Der Schwerpunkt der Arbeit liegt zwar auf dem praktischen Einsatzgebiet des Airline Revenue Managements; Revenue Management hält aber mehr und mehr auch in anderen Dienstleistungsbranchen Einzug, in denen noch erheblicher

Forschungsbedarf bei der Übertragung und Anpassung der Methoden aus dem Airline Revenue Management besteht. Hierzu sei auf die Literatur[33] verwiesen.

Aber auch beim Airline Revenue Management entstehen neue Herausforderungen und Probleme, z.B. im Zusammenhang mit der stark zunehmenden weltweiten Vernetzung von Fluggesellschaften in Allianzen[34]. Bei so genannten Code-Sharing-Flügen, die von mehreren Gesellschaften gemeinsam angeboten werden, besteht dabei z.B. die Problematik, die verfügbare Kapazität und auch den Erlös bzw. die Kosten geeignet auf die einzelnen Gesellschaften aufzuteilen[35].

---

[33] für eine Einführung zu RM in der Hotelbranche siehe z.B. [7]
[34] siehe hierzu z.B. [2]
[35] siehe [8]

Literaturverzeichnis

[1] deBoer, Freling, Piersma: „Mathematical programming for network revenue management revisited" in: *EJOR* 137 (2002)

[2] Boyd: „Airline Alliance Revenue Management", PROS Strategic Solutions Technical Report (1998)

[3] Bradley, Hax, Magnanti: „Applied Mathematical Programming", Addison-Wesley (1977)

[4] Corsten, Stuhlmann: „Yield Management: Ein Ansatz zur Kapazitätsplanung und – steuerung in Dienstleistungsunternehmen", in: *Schriften zum Produktionsmanagement* 18 (1998)

[5] Durham: „The future of SABRE", in: The Handbook of Airline Economics (1995)

[6] Garvey: „United to managr fares with Informix-SP2 Setup", in: *Informationsweek* 28 (1997)

[7] Goldman, Freling, Pak, Piersma: „Models and Techniques for Hotel Revenue Management using a Rolling Horizon", Econometric Institute Report EI 2001-46 (2001)

[8] Klein, Petrick: „Revenue Management – eine weitere Erfolgsstory des Operations Research", in: *OR News* (2003)

[9] Klophaus: „Revenue Management: Wie die Airline Ertragswachstum schafft", in *Absatzwirtschaft* (1998)

[10] Littlewood: „Forecasting and Control of Passenger Bookings", in: *AGIFORS* 12 (1972)

[11] McGill, vanRyzin: „Revenue Management: Research Overview and Prospects", in: *Transportation Science* 33 (1999)

[12] Pak, Piersma: „Airline Revenue Management: An Overview of OR Techniques 1982-2001", Econometric Institute Report 2002-03 (2002)

[13] Rothstein: „An Airline Overbooking Model", in: Transportation Science Vol.5 (1971)

[14] Rothstein: „OR and the Airline overbooking problem" in: *Operations Research* Vol. 33 (1985)

[15] Talluri, vanRyzin: „An Analyses of Bid-Price Controls for Network Revenue Management", in: *Management Science* 44 (1999)

[16] Tscheulin, Lindenmeier: „Yield-Management: Ein State-of.the-Art" in: *Zeitschrift für Betriebswirtschaft* 73 (2003)

[17] Williamson: „Airline network seat inventory control: Methodologies and revenue impacts", Ph.D. Thesis, MIT Cambridge (1992)

[18] Woratschek: „Preisbestimmung von Dienstleistungen: Markt- und nutzenbezogene Ansätze im Vergleich", Deutscher Fachverlag (1998)

www.ingramcontent.com/pod-product-compliance
Lightning Source LLC
La Vergne TN
LVHW042306060326
832902LV00009B/1290